Los zapatos de Amalia

por Helena Juanita Porras

—Ya falta media hora para
que aterrice el avión de tu abuela.
Todavía no estás lista, Amalia,
¿qué pasa?

—Estoy lustrando mis zapatos,
mamá. Quiero que abuela los vea
bien brillantitos.

—No te pongas esos zapatos,
Amalia. Ya no te quedan.

—Sí me quedan, mamá.
Me quedan muy bien.

Doña Carmela le había traído a su nieta unos hermosos zapatos negros de hebilla dorada.

Desde ese mismo día, hacía seis meses, Amalita, como le decían todos, se había puesto los zapatos a diario. Iba a la escuela con ellos.

Cuando iba a una piñata, escogía los vestidos que hacían juego con sus zapatos. Para una obra de teatro de la escuela se había disfrazado de dama antigua. Y, por supuesto, esos zapatos eran los perfectos.

Amalia se peinó, se puso sus zapatos negros de hebilla dorada y salió volando del cuarto. ¡Ya estaba lista! ¡Su abuela querida la vería linda!

Cuando Amalia salió, el resto de la familia esperaba ya dentro del carro.

Llegaron a tiempo. El avión de la abuela llegó a tiempo. ¡Cuánto se besaron y abrazaron todos con la abuela!

—Es tan coqueta como tú, mamá —le dijo su hija a doña Carmela.

Amalita estaba linda: el pelo sedoso, el vestido limpio y perfumado, una carterita que hacía juego y... ¿los zapatos? Los zapatos estaban "un poquito" gastados.

—Son los zapatos que tú me regalaste, abuelita —exclamó Amalia—. Son mis preferidos.

—Sólo se los quita para dormir —exageró Alberto.

La abuela se dio cuenta de que Amalia caminaba con dificultad.

La familia se reunió a comer.

En un momento aparte la abuela llamó a su hija. Le comentó sobre los zapatos de Amalia.

—Es imposible. No se los quiere cambiar. Dice que tú se los regalaste. ¡Que todavía puede usarlos por un año más! —contestó la mamá de Amalia.

Llegó la hora de ir a descansar. Amalia compartiría el cuarto con la abuela. Ésta aprovechó para hablarle.

—Te gustan mucho tus zapatos, ¿verdad?

—¡No los cambiaría por nada del mundo! —le respondió.

—Amalia, mi amor —dijo la abuela—. Cuando yo tenía tu edad, también tenía unos zapatos que me encantaban. Iba a la escuela con ellos. Cuando iba a una piñata, escogía los vestidos que combinaban con mis zapatos. Para Carnaval me vestía con disfraces que hacían juego con mis zapatos queridos. Un día...

—¡Igual que yo, abuelita! —dijo Amalia
interrumpiendo a su abuela.

—Estos zapatos son muy lindos —continuó la
abuela—, pero ya no te quedan. Estás creciendo,
querida Amalia.

—Yo no quiero crecer —dijo Amalia, y la
sonrisa se le desvaneció—. Quiero quedarme como
estoy. Quiero ponerme mis zapatos todos los días y
la ropa que me gusta.

—Hay muchas cosas más que van a cambiar...
—continuó la abuela –. Fíjate en el año. Primero es
invierno, después viene la primavera. Luego sigue el
verano y después viene el otoño. El cambio es
necesario, Amalia. Todo cambia. Pero siempre vas a
ser mi nieta querida.

Amalia abrazó a su abuela. Y se durmió.

Al día siguiente fueron las dos juntas a la
zapatería. Amalia escogió otros zapatos. Eran unos
zapatos rojos.

LIBRO PARA LA CASA